Comparar y contrastar

Frases claves para **comparar y contrastar**:

_____ se parece a _____
en que _____.

_____ no se parece a _____
en que _____.

Para **comparar y contrastar**
dos personas o cosas,
piensas: ¿en qué se parecen?
Además piensas: ¿en qué
se diferencian?

Este es nuestro mundo

Esto es un **mapa**.

¡Hola!

Este es nuestro **mundo**.

mundo

Juan

Estados Unidos

casa

Esta es mi **casa**.

familia

Esta es mi **familia**.

escuela

Esta es mi **escuela**.

Me gusta mi escuela.

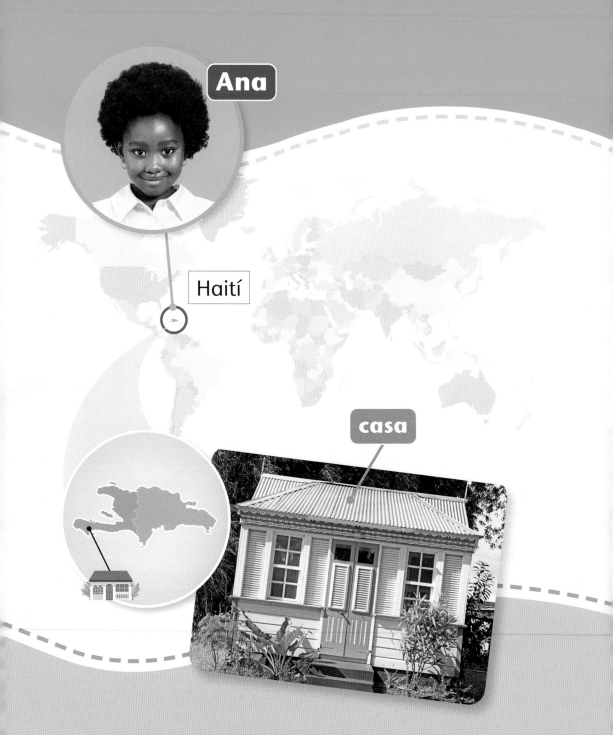

Ana

Haití

casa

Esta es mi casa.

familia

Esta es mi familia.

Esta es mi escuela.

Me gusta mi escuela.

Tess

China

Esta es mi casa.

Esta es mi familia.

Esta es mi escuela.

Me gusta mi escuela.

casa

familia

escuela

mapa

mundo

Photography and Art Credits

All images © by Vista Higher Learning unless otherwise noted.

Cover: (tl) Thevisualsyouneed/123RF; (tr) Logoboom/Shutterstock; (ml) Paulaphoto/Shutterstock; (mr) Andreas Harbarth/Alamy; (bl) OnFilm/Getty Images; (br) Karelnoppe/Shutterstock; (US flag) Charnsitr/Shutterstock; (China flag) T. Lesia/Shutterstock; (Haiti flag) N.Vector Design/Shutterstock.

4: (l) Thevisualsyouneed/123RF; (r) Karelnoppe/Shutterstock; **5:** (l) Paulaphoto/Shutterstock; (r) 1xpert/123RF; **6:** (t) Thevisualsyouneed/123RF; (b) Logoboom/Shutterstock; **7:** LaFlor/Getty Images; **8:** Kim Nelson/Alamy; **9:** FatCamera/Getty Images; **10:** (t) Karelnoppe/Shutterstock; (b) OnFilm/Getty Images; **11:** Sam Edwards/Getty Images; **12:** Buena Vista Images/Getty Images; **13:** David Sacks/Getty Images; **14:** (t) Paulaphoto/Shutterstock; (b) Andreas Harbarth/Alamy; **15:** XiXinXing/Getty Images; **16:** Morsa Images/Getty Images; **17:** Lane Oatey/Blue Jean Images/Getty Images; **18:** (t) Sam Edwards/Getty Images; (ml) Logoboom/Shutterstock; (mr) Kim Nelson/Alamy; (b) 1xpert/123RF.

© 2023, Vista Higher Learning, Inc.
500 Boylston Street, Suite 620
Boston, MA 02116-3736
www.vistahigherlearning.com
www.loqueleo.com/us

Dirección Creativa: José A. Blanco
Vicedirector Ejecutivo y Gerente General, K–12: Vincent Grosso
Desarrollo Editorial: Salwa Lacayo, Lisset López, Isabel C. Mendoza
Diseño: Ilana Aguirre, Radoslav Mateev, Gabriel Noreña, Verónica Suescún, Andrés Vanegas, Manuela Zapata
Coordinación del proyecto: Karys Acosta, Tiffany Kayes
Derechos: Jorgensen Fernandez, Annie Pickert Fuller, Kristine Janssens
Producción: Esteban Correa, Oscar Díez, Sebastián Díez, Andrés Escobar, Adriana Jaramillo, Daniel Lopera, Juliana Molina, Daniela Peláez, Jimena Pérez

Este es nuestro mundo
ISBN: 978-1-54338-618-9

Printed in the United States of America

1 2 3 4 5 6 7 8 9 AP 28 27 26 25 24 23